Entspannungsgeschichten für Kinder

Bilder: Gisela Heinzmann

Herstellung und Verlag:

BoD - Books on Demand, Norderstedt

ISBN: 978-3-7322-3897-2

Zu meiner Person

Ich wurde 1981 im ruhigen und beschaulichen Odenwald geboren. Dort durfte ich eine wundervolle Kindheit auf dem Land erleben, fern von allem Großstadttrubel.

Als Erwachsene zog es mich dann doch in eine Großstadt und ich ging für meine Ausbildung zur Kinderkrankenschwester nach Mannheim.

Nach meiner Ausbildung führte mich mein Weg nach Riedstadt in eine Kinder- und Jugendpsychiatrie, wo ich gerne tätig war.

Danach lernte ich meinen Mann kennen und wir bekamen zwei wundervolle Kinder geschenkt. Ab da war es mir nicht mehr möglich, in meinem geliebten Beruf tätig zu sein. Zunächst unterstützte ich meinen Mann in seiner Selbstständigkeit und kümmerte mich um die Kinder.

Als die Kinder größer wurden merkte ich, dass ich gerne wieder im sozialen Bereich arbeiten wollte.

Ich absolvierte eine Ausbildung zur Bachblütenberaterin und erlernte Reiki. Kurze Zeit später kam dann noch eine Ausbildung zur Entspannungspädagogin, NLP-Practitioner (Coach), Gesundheitsberaterin und Dozentin der Erwachsenenbildung hinzu. Dies alles ermöglichte es mir, wieder sozial zu arbeiten. Ich machte mich selbstständig. Bald schon merkte ich, dass ich meine Fantasiereisen am liebsten selbst schrieb. Ich setzte Friedolin versuchsweise in meinen

Kinderkursen ein und bekam nur positives Feedback. Mutiger geworden, probierte ich die Geschichten auch in meinen Erwachsenenkursen und in der Grundschule aus. Auch hier kamen sie hervorragend an. Und da kam mir der Gedanke, Friedolin soll alle glücklich machen!

Dieses Buch habe ich meinen Kindern Silas und Amelie gewidmet

Inhaltsverzeichnis

Vorwort

Ich möchte mich nicht lange damit aufhalten, über Entspannungsmethoden und wissenschaftliche Details zu referieren.

Ich habe dieses Buch geschrieben, um Eltern, Lehrern, Erziehern und Entspannungspädagogen kindgerechte Geschichten, in denen Auszüge aus dem Autogenen Training enthalten sind, an die Hand zu geben.

Für Eltern

Als Eltern bedürfen Sie keiner besonderen Ausbildung, um Ihrem Kind etwas Gutes in Form von Entspannung zu gönnen.

In einer Zeit, wo alles immer schnell geht und das Leben von Hektik und Stress bestimmt wird, vergessen wir zu oft, einfach mal innezuhalten und uns zu entspannen. Dieses Leben leben wir unseren Kindern vor und - was ich noch schlimmer finde - wir konfrontieren sie tagtäglich damit. Dabei ist es gar nicht schwer, sich selbst im stressigsten Alltag ein paar Minuten für sich selbst und dann auch für die Kinder zu nehmen. Kinder sind sehr dankbar, selbst für noch so kleine Lücken, die mit Liebe und ernstem Interesse an ihnen gefüllt werden. Nun mögen sie denken: „Die hat leicht reden, wie soll ich das denn auch noch schaffen?!"

Ich möchte keinesfalls als Besserwisserin auftreten, doch wenn Sie sich ein paar Minuten Zeit nehmen, werde ich es Ihnen erklären. Schon alleine dadurch, dass Sie zu diesem Buch gegriffen haben, zeigen Sie den Wunsch, es anders machen zu wollen.

Zuerst überlegen Sie bitte, wann Sie im Verlauf des Tages etwas Zeit, sagen wir einmal 30 Minuten, nur für Ihr Kind einplanen können. Die Tageszeit ist hierbei nicht relevant. Wenn Sie diese nun gefunden haben, überlegen Sie bitte, ob Sie in dieser Zeit auch wirklich zu 100% für Ihr Kind da sein können. Dann folgt der nächste Schritt. Wenn Sie diese Kinderzeit definiert haben, ziehen Sie bitte vorher den Telefonstecker, schalten die Türklingel aus und suchen sich einen bequemen Ort mit ihrem Kind. Dann kann es auch schon losgehen: Sie lesen ihrem Kind zuerst die Einführung und danach eine Geschichte vor, am besten halten Sie dabei die Reihenfolge ein, wobei es, sobald Ihr Kind Friedolin kennt, nicht mehr so wichtig ist. Nach der Geschichte folgt die Rückführung. Im Idealfall liegt Ihr Kind entspannt auf dem Rücken und hat die Augen geschlossen oder liegt an Sie gekuschelt, während Sie die Geschichte vorlesen. Keine Sorge: falls Ihr Kind sich nicht hinlegen will oder die Augen geöffnet haben möchte, ist das vollkommen in Ordnung. Oft wird dies erst nach ein paar Wiederholungen zur selbstverständlich akzeptierten Vorgehensweise. Die Hauptsache ist jedoch, dass Sie Zeit für Ihr Kind haben und eine angenehm entspannte Atmosphäre schaffen. Quetschen Sie also bitte die Kinderzeit nicht irgendwie dazwischen und lesen Sie die Geschichte nicht einfach nur schnell herunter.

Eine leise, ruhige Stimmlage ist sehr wichtig, ebenso wie das langsame Vorlesen mit kleinen Pausen, damit Ihr Kind die Erzählung mit seiner Fantasie füllen kann.

Nach der Geschichte ist es wichtig, dass Sie noch ein paar Minuten Zeit haben, so dass Ihr Kind das in seiner Fantasie erlebte verarbeiten kann, indem es mit Ihnen darüber spricht oder evtl. auch ein Bild dazu malt. Meine Kinder malen die schönsten Bilder nach Entspannungsgeschichten.

In meinen Kursen freue ich mich auch immer ganz besonders auf die Rückmeldungen. Da hört man z.B. „Bei mir hatte Friedolin einen Hut auf und eine Krawatte an", „Bei mir war Friedolin ganz rosa", „In meiner Höhle stand sogar ein Tischkicker" u.v.m. Bitte bewerten Sie niemals, was ihr Kind erzählt oder malt, denn es entspricht immer der Wahrheit. Das Kind hat es in seiner Fantasie so erlebt und gesehen. Ermuntern Sie es lieber mit den Worten: „Bei Dir war es aber schön" oder „Dein Friedolin hat sich heute aber besonders hübsch gemacht"...

Nach ein paar Mal werden Sie bemerken, wie einfach es ist, Kinderzeit zu haben, und wie viel Liebe und Dankbarkeit Sie dabei und danach zurückbekommen. Viele Eltern bemerken auch, wie diese Zeit auch ihnen sehr gut tut, um selbst ein bisschen abzuschalten.

Dieser Punkt liegt mir auch sehr am Herzen: Bitte achten Sie auf sich, damit auch Sie regelmäßige Entspannung in ihrem Alltag finden. Was für Sie zum Entspannen wichtig und richtig ist, kann ich Ihnen leider nicht sagen, dafür gibt es noch kein Patentrezept. Was ich aber weiß, ist, dass jeder auf eine andere Art entspannt. Was dem einen gut tut, stresst den anderen vielleicht. Bewährte Entspannungsmethoden sind allerdings Autogenes Training, progressive Muskelentspannung, Yoga etc., aber auch Sport kann entspannen. Das muss jeder für sich selbst entscheiden.

Wichtig ist nur, regelmäßig auf sich selbst zu achten, denn entspannte Eltern sind ruhiger und gelassener und ein gutes Vorbild für ihre Kinder.

Ich kann nicht von meinem Kind erwarten, sich zu entspannen und dabei gleichzeitig selbst unter Dauerstrom stehen.

Nun geht es aber los, Friedolin wartet schon...

Für Lehrer und Erzieher

Im Kindergarten und in der Schule bekommen Sie als Lehrer und Erzieher immer häufiger die Folgen des schnellen, hektischen, lauten Lebenswandels zu spüren. Unruhige Kinder, Zappelphilippe, schlecht gelaunte, ja sogar aggressive Kinder gibt es dem Anschein nach immer mehr. Ich möchte hier für die Kinder eine Lanze brechen, die können nichts dafür, sie werden oft von der Umwelt so geprägt. Somit können aber auch die meisten „Symptome" wieder über das Umfeld abgemildert werden. Das kommt Ihnen jetzt bestimmt alles bekannt vor und Sie fragen sich: „Warum und wie soll/kann ich das ändern?" Ganz einfach: Sie können die Geschichten in der Gruppe/Klasse vorlesen. Im Kindergarten lässt sich bestimmt ein Raum finden, evtl. der Turnraum, der mit Matten ausgelegt ist. Vielleicht schaffen Sie es sogar, nur mit einer Kleingruppe regelmäßig eine Entspannungseinheit durchzuführen, natürlich immer abwechselnd, denn es soll ja jeder an die Reihe kommen.

In der Schule geht es natürlich auch im Klassenzimmer. Alle setzen sich bequem hin, legen vielleicht den Kopf auf den Tisch und schon kann es losgehen.

Zur Vorgehensweise beim Vorlesen lesen Sie bitte meine Empfehlung im Abschnitt „Für Eltern".

Sie werden sehen, eine Regelmäßigkeit zahlt sich schnell aus...

Über unsere Kinder

Nun möchte ich noch kurz für die Kinder sprechen. Die meisten Verhaltensauffälligkeiten sind anerzogen, wobei es natürlich Erkrankungen gibt, die Verhaltensauffälligkeiten beinhalten. Aber: es gibt keine bösartigen Kinder!

Der Unruhegeist hat vielleicht nur einen starken Bewegungsdrang, den er nicht ausleben darf oder kann.

Jeder sollte seine Kinder genau beobachten, um zu erkennen, was diese für eine gesunde Entwicklung benötigen. Und als Eltern sollten wir viel öfter auf unsere Intuition hören, denn sie sagt uns, wann etwas richtig ist.

Falls unsere Kinder ein Verhalten zeigen, welches wir für unangemessen erachten, sollten wir überlegen, wie wir in einer ähnlichen Situation reagiert bzw. gehandelt haben. Es ist gut möglich, dass uns unser Kind nur einen Spiegel vorhält oder uns „kopiert".

Lasst unsere Kinder Kinder sein und macht sie nicht zu kleinen Erwachsenen!

Nun wünsche ich aber allen viel Spaß mit Friedolin!

Friedolin der kleine Affe

Einführung

Lege dich nun bequem hin.

Ruckel dich noch etwas zurecht.

Spüre, wie dein Körper auf deiner Unterlage aufliegt.

Wenn du kannst, schließe die Augen, wenn nicht, ist das auch okay.

Du atmest tief ein und wieder aus und wirst immer ruhiger und entspannter.

Deine Arme liegen neben dir bequem auf deiner Unterlage.

Und wenn deine Augen noch offen sind, darfst du sie jetzt schließen.

Stell dir vor, du bist in einem friedlichen, wunderschönen Urwald. Du siehst die schönsten Blumen in allen erdenklichen Farben und hörst viele verschiedene Vögel in den großen, hohen Bäumen und Palmen zwitschern. Du beginnst, einen kleinen Dschungelpfad entlang zu laufen, und genießt diese angenehme Ruhe. Du merkst, dass diese angenehme Ruhe sich in deinem Körper ausbreitet. Bemerkst, wie dein rechter Arm angenehm ruhig wird, und sagst in Gedanken zu dir selbst: „Mein rechter Arm wird angenehm ruhig". Nun wird auch dein linker Arm angenehm ruhig. Du sagst wieder in Gedanken zu dir selbst: „Mein linker Arm wird angenehm ruhig".

Nun läufst du weiter den mit schönen Blumen bewachsenen Pfad entlang tiefer in den Urwald.

Da bemerkst du, dass auch deine Beine angenehm ruhig werden, und sagst in Gedanken zu dir selbst: „Meine Beine werden angenehm ruhig".

Beim Weiterlaufen merkst du, dass du dich nun vollkommen ruhig fühlst.

Du kommst an einen großen Stein. Auf diesen setzt du dich und schaust nach oben. Zu deinem Erstaunen siehst du ganz in deiner Nähe in einem Baum einen kleinen, freundlichen Affenjungen, der dich genauso neugierig anschaut wie du ihn. Du bleibst ganz ruhig sitzen, damit er keine Angst bekommt. Und als du noch überlegst, wie du ihn anlocken kannst, kommt er auch schon immer näher auf dich zu gehüpft. Von Ast zu Ast. Bis er neben dir auf dem Stein sitzt. Ihr schaut euch neugierig an. Da sagt der kleine Affenjunge plötzlich „Hallo" zu dir. Du bist erstaunt und fragst „Warum kannst du sprechen?" „Das können hier alle, dies ist ein besonderer Urwald, in den kann man nur über die Ruhe kommen und bei uns sind alle Tiere lieb zueinander und können sprechen", antwortet der Affe. So ein besonderer Urwald ist wirklich etwas sehr

Schönes, denkst du. „Wie heißt du?" fragst du den Affen. „Ich heiße Friedolin und wenn du möchtest, zeige ich dir etwas. Du brauchst keine Angst zu haben, hier ist alles friedlich und hier hast auch du besondere Kräfte, nämlich die Kraft, alles tun zu können, was du möchtest. Denn „in der Ruhe liegt die Kraft". Du möchtest gerne erfahren, was Friedolin dir zeigen möchte. Da ist der Affe schon oben in den Bäumen. Du überlegst einen kurzen Moment und dann hüpfst du ihm wie ein kleines Äffchen nach. Friedolin hat Recht: du kannst in diesem Urwald alles, was du möchtest. Denn *in der Ruhe liegt die Kraft*". Du betrachtest mit Friedolin von den Bäumen aus den Urwald, er sieht wunderschön und friedlich aus. Dann klettert ihr wieder von den Bäumen zu eurem Stein. Du bedankst dich bei Friedolin und versprichst ihm, dass du bald wiederkommst.

Rückführung

Du läufst nun auf deinem Dschungelpfad wieder zurück in das Hier und Jetzt. Es ist, als würdest du aus einem tiefen Schlaf erwachen. Du atmest tief ein und wieder aus. Bewegst deine Hände und Füße. Öffnest langsam deine Augen. Streckst und reckst dich. Vielleicht kannst du auch gähnen und kommst langsam nach oben ins Sitzen.

Bei den Vögeln

Einführung

Lege dich nun bequem hin.

Ruckel dich noch etwas zurecht. Spüre, wie dein Körper auf deiner Unterlage aufliegt. Wenn du kannst, schließe die Augen, wenn nicht, ist das auch okay.

Du atmest tief ein und wieder aus und wirst immer ruhiger und entspannter.

Deine Arme liegen neben dir bequem auf deiner Unterlage.

Und wenn deine Augen noch offen sind, darfst du sie jetzt schließen.

Stell dir vor, du bist in einem friedlichen, wunderschönen Urwald. Du siehst die schönsten Blumen in allen erdenklichen Farben und hörst viele verschiedene Vögel in den großen, hohen Bäumen und Palmen zwitschern. Du beginnst, einen kleinen Dschungelpfad entlang zu laufen, und genießt diese angenehme Ruhe. Du merkst, dass diese angenehme Ruhe sich in deinem Körper ausbreitet. Bemerkst, wie dein rechter Arm angenehm ruhig wird, und sagst in Gedanken zu dir selbst: „Mein rechter Arm wird angenehm ruhig". Nun wird auch dein linker Arm angenehm ruhig. Du sagst wieder in Gedanken zu dir selbst: „Mein linker Arm wird angenehm ruhig".

Nun läufst du weiter den mit schönen Blumen bewachsenen Pfad entlang tiefer in den Urwald.

Da bemerkst du, dass auch deine Beine angenehm ruhig werden, und sagst in Gedanken zu dir selbst: „Meine Beine werden angenehm ruhig".

Beim Weiterlaufen merkst du, dass du dich nun vollkommen ruhig fühlst.

Du kommst an deinen großen Stein und setzt dich darauf. Du bemerkst, wie sich neben dir etwas bewegt, und schaust dich danach um. Zu deiner Freude ist es Friedolin. Er möchte dir etwas zeigen. Und da du dich in einem magischen Urwald befindest, schwingt ihr euch an Lianen von Baum zu Baum. Friedolin schwingt vor dir und zeigt dir den Weg. Du fühlst dich ganz leicht und es macht dir große Freude, so durch die Luft zu schwingen. Es ist noch ganz früh am Morgen. Da gibt dir Friedolin plötzlich mit einem Zeichen zu verstehen, dass ihr ganz leise sein müsst. Der kleine Affe hält an und schiebt nun vorsichtig ein paar Blätter beiseite und zeigt dir ein Nest, in dem eine Vogelmutter noch schläft. Du schaust es dir fasziniert an. Als du etwas genauer schaust, siehst du ein paar Vogeljunge, die dicht an, ja fast schon unter der Vogelmutter sitzen und schlafen. Du denkst: Ist das schön und angenehm, so geborgen und behütet zu sein. Um dich herum ist noch alles friedlich im Urwald und du bemerkst, wie sich eine angenehme Ruhe auch in dir ausbreitet. Du genießt diese Ruhe und Stille. Selbst Friedolin ist ruhiger geworden und beobachtet die Vögel. Nun öffnet die Vogelmutter langsam ihre Augen, sie zwinkert ein paar Mal. Friedolin und du bleibt ganz ruhig und bewegungslos, damit ihr weiter die Vögel beobachten könnt. Nun seht ihr, wie die Vogelmutter einen Moment lang ihre Kinder voller Liebe betrachtet. Auch sie genießt noch einen Augenblick lang die Ruhe und Stille, bevor sie jetzt anfängt, sanft ihre Jungen zu wecken. Jetzt ist die Zeit für dich und Friedolin gekommen, euch von den Vögeln zu verabschieden. Ihr schwingt euch wieder an euren Lianen, nacheinander, Friedolin vorne, da er die Wege hier so gut kennt, bis zu eurem Stein zurück. Du bedankst dich bei Friedolin und versprichst ihm bald wieder zukommen.

Rückführung

Du läufst nun auf deinem Dschungelpfad wieder zurück in das Hier und Jetzt. Es ist, als würdest du aus einem tiefen Schlaf erwachen. Du atmest tief ein und wieder aus. Bewegst deine Hände und Füße. Öffnest langsam deine Augen. Streckst und reckst dich. Vielleicht kannst du auch gähnen und kommst langsam nach oben ins Sitzen.

Die Kokosnussoase

Einführung

Lege dich nun bequem hin.

Ruckel dich noch etwas zurecht.

Spüre, wie dein Körper auf deiner Unterlage aufliegt.

Wenn du kannst, schließe die Augen, wenn nicht, ist das auch okay.

Du atmest tief ein und wieder aus und wirst immer ruhiger und entspannter.

Deine Arme liegen neben dir bequem auf deiner Unterlage.

Und wenn deine Augen noch offen sind, darfst du sie jetzt schließen.

Stell dir vor, du bist in einem friedlichen, wunderschönen Urwald. Du siehst die schönsten Blumen in allen erdenklichen Farben und hörst viele verschiedene Vögel in den großen, hohen Bäumen und Palmen zwitschern. Du beginnst, einen kleinen Dschungelpfad entlang zu laufen, und genießt diese angenehme Ruhe. Du merkst, dass diese angenehme Ruhe sich in deinem Körper ausbreitet. Bemerkst, wie dein rechter Arm angenehm ruhig wird, und sagst in Gedanken zu dir selbst: „Mein rechter Arm wird angenehm ruhig". Nun wird auch dein linker Arm angenehm ruhig. Du sagst wieder in Gedanken zu dir selbst: „Mein linker Arm wird angenehm ruhig".

Nun läufst du weiter den mit schönen Blumen bewachsenen Pfad entlang tiefer in den Urwald.

Da bemerkst du, dass auch deine Beine angenehm ruhig werden, und sagst in Gedanken zu dir selbst: „Meine Beine werden angenehm ruhig".

Beim Weiterlaufen merkst du, dass du dich nun vollkommen ruhig fühlst.

Du kommst an deinen großen Stein und setzt dich darauf. Du bemerkst, wie sich etwas neben dir bewegt, und schaust dich danach um. Zu deiner Freude ist es Friedolin. Er möchte dich auch heute wieder zu einem Ausflug einladen. Du freust dich schon darauf. Ihr schwingt euch wieder an Lianen durch den Urwald. Du bemerkst wieder diese angenehme Ruhe an diesem Ort und erinnerst dich an deinen Spruch: „In der Ruhe liegt die Kraft". Du schwingst immer leichter durch den Urwald. Plötzlich stoppt Friedolin, und vor dir taucht so etwas wie eine magische Oase auf. In der Mitte glitzert ein schöner Teich. Um den Teich stehen Palmen, voll mit Kokosnüssen. Am Boden wachsen viele verschiedene, bunte Blumen. Du bestaunst die Farben, so viele bunte Farben..... Ihr schwingt euch nun in die Oase auf eine Palme. Einige Palmen beginnen

27

schon, sich durch die vielen Kokosnüsse leicht durchzubiegen. Friedolin schlägt dir ein Spiel vor: Wer kann die meisten Kokosnüsse pflücken? Und da dies eine magische Oase ist, kannst auch du wie ein kleines Äffchen auf die Palme klettern. Gerne möchtest du mit Friedolin das Spiel spielen. Also los geht's. Jeder sucht sich eine Palme aus. Flink wie ein kleines Äffchen kletterst du die Palme hinauf und mit einer Kokosnuss im Arm wieder herunter. Unten angekommen, legst du die Nüsse auf einen großen Haufen zusammen. Es macht richtig Spaß, immer wieder auf die Palme zu klettern und zu sehen, wie dein Kokosnussberg wächst. Als Friedolin und du schon zwei ziemlich große Kokosnusshaufen unter euren Palmen liegen habt, kommt Friedolin zu dir gehüpft und sagt dir, dass ihr jetzt aufhört, da er müde ist. Ihr setzt euch nebeneinander auf den Boden und nun bemerkst auch du, wie angenehm schwer deine Arme sind. Dein rechter Arm ist angenehm schwer. Du sagst zu dir selbst: „Mein rechter Arm ist angenehm schwer". Nun bemerkst du, dass auch dein linker Arm angenehm schwer ist. Du sagst zu dir selbst: „Mein linker Arm ist angenehm schwer". Friedolin liegt lächelnd neben dir, auch er fühlt sich angenehm schwer. Und nun fühlen sich auch deine Beine angenehm schwer an. Du sagst zu dir selbst: „Meine Beine sind angenehm schwer". „Was passiert mit den ganzen Kokosnüssen?" fragst du Friedolin. Der erklärt dir, dass die Tiere der Oase sich darüber sehr freuen und am Abend damit ein Kokosnussfest feiern. Ihr zwei verlasst nun die Oase und kehrt zu eurem Stein zurück. Du bedankst dich bei Friedolin und versprichst ihm, bald wiederzukommen.

Rückführung

Du läufst nun auf deinem Dschungelpfad wieder zurück in das Hier und Jetzt. Es ist, als würdest du aus einem tiefen Schlaf erwachen. Du atmest tief ein und wieder aus. Bewegst deine Hände und Füße. Öffnest langsam deine Augen. Streckst und reckst dich. Vielleicht kannst du auch gähnen und kommst langsam nach oben ins Sitzen.

Der Wasserfall

Einführung

Lege dich nun bequem hin.

Ruckel dich noch etwas zurecht.

Spüre, wie dein Körper auf deiner Unterlage aufliegt.

Wenn du kannst, schließe die Augen, wenn nicht, ist das auch okay.

Du atmest tief ein und wieder aus und wirst immer ruhiger und entspannter.

Deine Arme liegen neben dir bequem auf deiner Unterlage.

Und wenn deine Augen noch offen sind, darfst du sie jetzt schließen.

Stell dir vor, du bist in einem friedlichen, wunderschönen Urwald. Du siehst die schönsten Blumen in allen erdenklichen Farben und hörst viele verschiedene Vögel in den großen, hohen Bäumen und Palmen zwitschern. Du beginnst, einen kleinen Dschungelpfad entlang zu laufen, und genießt diese angenehme Ruhe. Du merkst, dass diese angenehme Ruhe sich in deinem Körper ausbreitet. Bemerkst, wie dein rechter Arm angenehm ruhig wird, und sagst in Gedanken zu dir selbst: „Mein rechter Arm wird angenehm ruhig". Nun wird auch dein linker Arm angenehm ruhig. Du sagst wieder in Gedanken zu dir selbst: „Mein linker Arm wird angenehm ruhig".

Nun läufst du weiter den mit schönen Blumen bewachsenen Pfad entlang tiefer in den Urwald.

Da bemerkst du, dass auch deine Beine angenehm ruhig werden, und sagst in Gedanken zu dir selbst: „Meine Beine werden angenehm ruhig".

Beim Weiterlaufen merkst du, dass du dich nun vollkommen ruhig fühlst.

Du kommst an deinen großen Stein und setzt dich darauf. Da bemerkst du, wie sich neben dir etwas bewegt, und schaust dich danach um. Zu deiner Freude ist es Friedolin. Du freust dich, ihn wieder zu sehen und stehst von deinem Stein auf. Friedolin ist schon ganz aufgeregt, denn auch heute möchte er dir wieder etwas zeigen. Er nimmt dich an der Hand und los geht euer Abenteuer. Ihr lauft immer tiefer in den warmen, mit Sonnenstrahlen durchfluteten Dschungel. Du bewunderst die schönen Blumen mit ihren bunten Farben. Über euren Köpfen fliegen bunte Schmetterlinge und viele verschiedene Vögel. Du spürst eine tiefe und angenehme Ruhe in dir. Hier ist es einfach schön. Friedolin und du wandert noch ein Stück, ihr folgt einem geschwungenen Trampelpfad. Plötzlich wird der Pfad breiter und du kannst ein Rauschen hören.

Nun tretet ihr auf eine Lichtung. Du schaust dich etwas genauer um. Vor dir siehst du einen Wasserfall, über ihm glitzert die Luft und du kannst sogar einen Regenbogen erkennen. Der Wasserfall endet in einem wunderschönen türkisfarbenen See. Das Wasser ist klar und du kannst kleine bunte Fische entdecken, die neugierig zu euch schauen. Friedolin lädt dich ein, baden zu gehen. Wie gut, dass du deine Badekleidung schon unter den Kleidern an hast. Du ziehst dich aus und gehst zusammen mit Friedolin in das Wasser. Und da dies auch ein magischer See ist, brauchst du dich nicht anzustrengen, um zu schwimmen, sondern du schwimmst von ganz alleine. Du spürst das angenehme warme Wasser auf deiner Haut. Ihr planscht ein bisschen in dem See und dann schwimmt ihr ans Ufer zurück. Friedolin zeigt dir eine schöne Stelle zum Ausruhen, dort legt ihr beiden euch hin. Du spürst unter dir weiches Moos, in das du leicht einsinkst. Jetzt bemerkst du, wie deine Arme und Beine, die vom Wandern ganz müde sind, angenehm schwer werden. Sie sinken etwas tiefer in das Moosbett ein. Du sagst zu dir selbst: „Meine Arme und Beine sind angenehm schwer". Irgendetwas kitzelt an deiner Nase. Und jetzt kannst du es auch spüren: es ist die Sonne, sie wärmt dich, nach dem Schwimmen nun wieder auf. Du sagst zu dir selbst: „Die Sonne wärmt meine Arme und Beine". Friedolin stupst dich nun an. Es wird Zeit wieder zurückzukehren. Du ziehst dich an und folgst Friedolin wieder über den schönen Trampelpfad zurück zu eurem Stein. Du bedankst dich bei Friedolin und versprichst ihm, bald wiederzukommen.

Rückführung

Du läufst nun auf deinem Dschungelpfad wieder zurück in das Hier und Jetzt. Es ist, als würdest du aus einem tiefen Schlaf erwachen. Du atmest tief ein und wieder aus. Bewegst deine Hände und Füße. Öffnest langsam deine Augen. Streckst und reckst dich. Vielleicht kannst du auch gähnen und kommst langsam nach oben ins Sitzen.

Die Drachenflieger

Einführung

Lege dich nun bequem hin.

Ruckel dich noch etwas zurecht.

Spüre, wie dein Körper auf deiner Unterlage aufliegt.

Wenn du kannst, schließe die Augen, wenn nicht, ist das auch okay.

Du atmest tief ein und wieder aus und wirst immer ruhiger und entspannter.

Deine Arme liegen neben dir bequem auf deiner Unterlage.

Und wenn deine Augen noch offen sind, darfst du sie jetzt schließen.

Stell dir vor, du bist in einem friedlichen, wunderschönen Urwald. Du siehst die schönsten Blumen in allen erdenklichen Farben und hörst viele verschiedene Vögel in den großen, hohen Bäumen und Palmen zwitschern. Du beginnst, einen kleinen Dschungelpfad entlang zu laufen, und genießt diese angenehme Ruhe. Du merkst, dass diese angenehme Ruhe sich in deinem Körper ausbreitet. Bemerkst, wie dein rechter Arm angenehm ruhig wird, und sagst in Gedanken zu dir selbst: „Mein rechter Arm wird angenehm ruhig". Nun wird auch dein linker Arm angenehm ruhig. Du sagst wieder in Gedanken zu dir selbst: „Mein linker Arm wird angenehm ruhig".

Nun läufst du weiter den mit schönen Blumen bewachsenen Pfad entlang tiefer in den Urwald.

Da bemerkst du, dass auch deine Beine angenehm ruhig werden, und sagst in Gedanken zu dir selbst: „Meine Beine werden angenehm ruhig".

Beim Weiterlaufen merkst du, dass du dich nun vollkommen ruhig fühlst.

Du kommst an deinen großen Stein. Und heute sitzt Friedolin schon darauf, er hat auf dich gewartet. Sogleich steht er auf und geht zu den Lianen. Du folgst ihm. Ihr klettert die Lianen ein Stück hinauf und dann schwingt ihr euch von Liane zu Liane, immer tiefer in den magischen Urwald hinein. Irgendwann wird Friedolin langsamer, er stoppt und klettert an einem großen Baum mit dicken starken Ästen nach oben, und du kletterst genauso flink hinter ihm her. Oben angekommen sind die Äste immer noch so dick und sehr stark. Friedolin zeigt dir eine große Kuhle in dem Baumstamm, dort setzt ihr zwei euch hinein. Du merkst wie deine Arme und Beine vom Klettern angenehm schwer geworden sind. Du sagst zu dir selbst: „Meine Arme und Beine sind angenehm schwer". Nun kannst du den Ausblick genießen. Vor dir erstreckt sich der Urwald, du schaust

auf sein Blätterdach. Weit dahinter kannst du
gerade noch die Steppe erkennen. Du siehst
wie Elefanten gemütlich zu ihrem Wasserloch
wandern und Zebras an Grasbüscheln knab-
bern. Du erfreust dich an ihrem Anblick. Dann
schaust du in den Himmel. Dazu machst du es
dir noch ein bisschen bequemer in der Baum-
kuhle. Du kuschelst dich zurecht. Nun kannst
du den vorbeiziehenden Wolken zuschauen. Es
sind nicht viele, nur ein paar kleine weiße
Schäfchenwolken. Sie verändern ab und zu
ihre Form. Friedolin zeigt nun zum Himmel, er
hat etwas entdeckt. Ganz weit oben im Himmel könnt ihr einen roten, einen blauen und
einen gelben Punkt entdecken. Die Punkte
werden immer größer und tanzen hin und her.
Jetzt kannst du es genauer erkennen. Es sind
drei Drachenflieger, die auch die Aussicht von
oben auf die Welt genießen. Friedolin ist ganz
fasziniert. Und auch du schaust ihnen interessiert zu. Du verfolgst, wie sie eine Art Tanz in
der Luft für euch aufführen. Langsam ver-
schwinden die Drachenflieger nun aus deinem
Blickfeld. Friedolin und du genießt noch etwas
die Ruhe hier oben. Jetzt kannst du auch die
angenehme Wärme der Sonne fühlen. Du bemerkst, wie die Sonne deine Arme und Beine
angenehm gewärmt hat. Du sagst zu dir
selbst: „Meine Arme und Beine sind angenehm

warm". Friedolin krabbelt nun an dir vorbei, aus der Kuhle und den Baum hinunter. Du folgst ihm. Und dann beginnt ihr euren Weg zurück bis zu deinem Stein. Du bedankst dich bei Friedolin und versprichst ihm, bald wiederzukommen.

Rückführung

Du läufst nun auf deinem Dschungelpfad wieder zurück in das Hier und Jetzt. Es ist, als würdest du aus einem tiefen Schlaf erwachen. Du atmest tief ein und wieder aus. Bewegst deine Hände und Füße. Öffnest langsam deine Augen. Streckst und reckst dich. Vielleicht kannst du auch gähnen und kommst langsam nach oben ins Sitzen.

Die Höhle

Einführung

Lege dich nun bequem hin.

Ruckel dich noch etwas zurecht.

Spüre, wie dein Körper auf deiner Unterlage aufliegt.

Wenn du kannst, schließe die Augen, wenn nicht, ist das auch okay.

Du atmest tief ein und wieder aus und wirst immer ruhiger und entspannter.

Deine Arme liegen neben dir bequem auf deiner Unterlage.

Und wenn deine Augen noch offen sind, darfst du sie jetzt schließen.

Stell dir vor, du bist in einem friedlichen, wunderschönen Urwald. Du siehst die schönsten Blumen in allen erdenklichen Farben und hörst viele verschiedene Vögel in den großen, hohen Bäumen und Palmen zwitschern. Du beginnst, einen kleinen Dschungelpfad entlang zu laufen, und genießt diese angenehme Ruhe. Du merkst, dass diese angenehme Ruhe sich in deinem Körper ausbreitet. Bemerkst, wie dein rechter Arm angenehm ruhig wird, und sagst in Gedanken zu dir selbst: „Mein rechter Arm wird angenehm ruhig". Nun wird auch dein linker Arm angenehm ruhig. Du sagst wieder in Gedanken zu dir selbst: „Mein linker Arm wird angenehm ruhig".

Nun läufst du weiter den mit schönen Blumen bewachsenen Pfad entlang tiefer in den Urwald.

Da bemerkst du, dass auch deine Beine angenehm ruhig werden, und sagst in Gedanken zu dir selbst: „Meine Beine werden angenehm ruhig".

Beim Weiterlaufen merkst du, dass du dich nun vollkommen ruhig fühlst.

Du kommst an deinen großen Stein. Und auch heute sitzt Friedolin schon darauf, er hat auf dich gewartet. Heute lauft ihr zu Fuß durch euren Urwald. Friedolin nimmt dich an der Hand. Es ist angenehm warm und du schaust dich interessiert um. Der Urwald leuchtet richtig in seinen bunten Farben. Rechts neben dir siehst du eine kräftig rote Blume, um sie herum tanzen kleine Schmetterlinge. Auf der anderen Seite entdeckst du eine blaue Blume, die wie ein Trichter geformt ist. Aus der trinkt gerade ein Vogel mit einem langen dünnen Schnabel: ein Kolibri. Ihr lauft weiter und du denkst an deinen Satz: „In der Ruhe liegt die Kraft". Nun hält Friedolin an und zeigt dir einen kleinen Eingang zu einer Höhle. Du zögerst noch etwas. Sind Höhlen nicht dunkel und feucht? Aber als du Friedolin freundlich lächeln siehst, gehst du näher heran. Du denkst dir: „Reinschauen kann ich ja einmal“. Und das tust du dann auch. Du schaust durch die Öffnung in die Höhle. Und zu deiner Überraschung ist alles hell und freundlich. Friedolin erklärt dir, dass dies deine persönliche Höhle ist. In die darf und kann niemand außer dir und Friedolin. Nun geht ihr beiden in die Höhle. In der Höhle ist es so, wie du es dir wünschst. Vielleicht liegen überall Kissen oder es steht ein großes Bett oder ein bequemer Sessel darin. Auch die Farben sind so, wie du es gerade jetzt brauchst. Du fühlst dich glücklich und bist froh, so einen besonderen Raum zu haben. Friedolin zeigt dir eine sehr bequeme Stelle. Dort geht ihr beiden hin und kuschelt euch so richtig gemütlich hin. Du schaust dich um und denkst dir dabei, wie schön es ist, in einem solchen geschützten Raum zu sein. Deinem Raum. Da bemerkst du, wie deine Arme und Beine angenehm schwer werden. Du sagst in Gedanken zu dir selbst: „Meine Arme und Beine werden angenehm schwer“. Neben dir ist Friedolin auch ganz ruhig geworden, es scheint, als schlafe er sogar. Du kuschelst dich noch weiter an ihn und bemerkst wie jetzt, wie deine Arme und Beine angenehm warm werden. Du sagst in Gedanken zu dir selbst: „Meine Arme und Beine werden angenehm warm“. Du genießt die Stille und

Wärme noch einen Moment. Friedolin stupst dich an. Es ist jetzt an der Zeit, langsam wieder deine Höhle zu verlassen. Ihr steht auf. Du schaust dich noch einmal um und bist glücklich. An diesen Ort kannst du jederzeit wieder kommen. Er gehört nur dir und keiner weiß, wo er ist und wie er aussieht. Ihr lauft zurück bis zu deinem Stein. Du bedankst dich bei Friedolin und versprichst ihm, bald wiederzukommen.

Rückführung

Du läufst nun auf deinem Dschungelpfad wieder zurück in das Hier und Jetzt. Es ist, als würdest du aus einem tiefen Schlaf erwachen. Du atmest tief ein und wieder aus. Bewegst deine Hände und Füße. Öffnest langsam deine Augen. Streckst und reckst dich. Vielleicht kannst du auch gähnen und kommst langsam nach oben ins Sitzen.

Bei den Flusspferden

Einführung

Lege dich nun bequem hin.

Ruckel dich noch etwas zurecht.

Spüre, wie dein Körper auf deiner Unterlage aufliegt.

Wenn du kannst, schließe die Augen, wenn nicht, ist das auch okay.

Du atmest tief ein und wieder aus und wirst immer ruhiger und entspannter.

Deine Arme liegen neben dir bequem auf deiner Unterlage.

Und wenn deine Augen noch offen sind, darfst du sie jetzt schließen.

Stell dir vor, du bist in einem friedlichen, wunderschönen Urwald. Du siehst die schönsten Blumen in allen erdenklichen Farben und hörst viele verschiedene Vögel in den großen, hohen Bäumen und Palmen zwitschern. Du beginnst, einen kleinen Dschungelpfad entlang zu laufen, und genießt diese angenehme Ruhe. Du merkst, dass diese angenehme Ruhe sich in deinem Körper ausbreitet. Bemerkst, wie dein rechter Arm angenehm ruhig wird, und sagst in Gedanken zu dir selbst: „Mein rechter Arm wird angenehm ruhig". Nun wird auch dein linker Arm angenehm ruhig. Du sagst wieder in Gedanken zu dir selbst: „Mein linker Arm wird angenehm ruhig".

Nun läufst du weiter den mit schönen Blumen bewachsenen Pfad entlang tiefer in den Urwald.

Da bemerkst du, dass auch deine Beine angenehm ruhig werden, und sagst in Gedanken zu dir selbst: „Meine Beine werden angenehm ruhig".

Beim Weiterlaufen merkst du, dass du dich nun vollkommen ruhig fühlst.

Du kommst an deinen großen Stein. Und auch heute sitzt Friedolin schon darauf, er hat auf dich gewartet. Heute schwingt ihr euch wieder an den Lianen durch den Urwald. Du freust dich schon, denn das Schwingen an den Lianen macht wie immer viel Spaß. Und schon geht es los..... Du und Friedolin schwingt euch wieder von Liane zu Liane, von Baum zu Baum immer weiter in den Urwald. Der Urwald ist bunt beleuchtet, durch die warme Sonne, die durch das Blätterdach auf euch scheint... Jetzt springt Friedolin von seiner Liane auf den Boden, du folgst ihm. Friedolin gibt dir mit Handzeichen zu verstehen, dass ihr ganz leise sein müsst. Ihr schleicht euch bis zu einem großen Busch, unter dem krabbelt ihr nun langsam nach vorne, immer weiter auf eine mit Gras bewachsene Steppe. Ihr bleibt in dem hohen Gras ruhig sitzen. Friedolin zeigt nach vorne und du schaust in die Richtung. Du siehst, am Horizont eine Wasserstelle mit grauen Punkten darin. Langsam und immer noch sehr leise krabbelt ihr durch das hohe Gras in Richtung der Wasserstelle. Die Sonne wärmt euch angenehm den Rücken. Als ihr die Wasserstelle gut sehen könnt, bleibt Friedolin sitzen und schaut den grauen Punkten in der Wasserstelle zu. Jetzt erst bemerkst du, was die grauen Punkte sind, es sind Flusspferde. Du entdeckst sogar ein Flusspferdbaby. Es tobt neben seiner gemütlich im Wasser stehenden Mutter herum. Das Wasser spritzt nur so in alle Richtungen. Die Wassertropfen glitzern in Regenbogen- farben in der Luft. Übermütig hüpft das kleine Flusspferdbaby immer wieder ins Wasser, taucht und kommt mit einem Prusten wieder nach oben.... Die Mutter steht geduldig daneben und schaut liebevoll ihrem Jungen beim Spielen zu. Nach ein paar Minuten geht das Junge mit seiner Mutter ans Ufer. Die beiden legen sich eng aneinander gekuschelt in den warmen, weichen Sand. Da bemerkst auch du, dass du etwas müde geworden bist. Du legst dich neben Friedolin in das hohe Gras. Da bemerkst du wie deine Arme und Beine angenehm schwer werden. Du sagst in Gedanken zu dir selbst: „Meine Arme und Beine werden angenehm schwer". Du schaust in den Himmel und lässt deine Gedanken wie Wolken weiter ziehen. Du bemerkst, wie jetzt deine Arme und Beine angenehm warm werden. Du sagst in Gedanken zu dir selbst: „Meine Arme und Beine werden angenehm warm". Du genießt die Stille und Wärme noch einen Moment. Dann schaut ihr noch einmal zu den Flusspferden, um euch zu verabschieden. Langsam und leise krabbelt ihr wieder zurück zu dem Busch, unter ihm hindurch und auf den Dschungelpfad. An den Lianen geht es wieder zurück zu deinem Stein. Du verabschiedest dich von Friedolin und versprichst ihm, bald wiederzukommen.

Rückführung

Du läufst nun auf deinem Dschungelpfad wieder zurück in das Hier und Jetzt. Es ist, als würdest du aus einem tiefen Schlaf erwachen. Du atmest tief ein und wieder aus. Bewegst deine Hände und Füße. Öffnest langsam deine Augen. Streckst und reckst dich. Vielleicht kannst du auch gähnen und kommst langsam nach oben ins Sitzen.

Danksagung

Ich möchte mich bei meiner Familie für die Unterstützung bedanken, im Besonderen bei meinem Mann, der mir immer den Rücken frei hält und mich so liebevoll unterstützt.

Gisela danke ich für die schönen Bilder, Birgit und Gudrun für die Korrektur.

Ich möchte mich bei folgenden Ausbildern bedanken:

Alexandra und Uwe
Mario und Karin.

Ohne sie wäre dieses Buch nie zustande gekommen.

Ich möchte mich bei Waltraud und der gesamten Herzenspfadegruppe bedanken.

Eigene Notizen